भाव बंध

(काव्य-संग्रह)

डॉ चंदू सोजतिया

TANEESHA
PUBLISHERS

Title : Bhav Bandh
Author : Dr. Chandu Sojatia
Edition : First (April, 2025)
ISBN : 9789348037145

Published by

TANEESHA PUBLISHERS | *A Venture by -* **PRACHI DIGITAL PUBLICATION**

Regd. Add.: 254, Khuriyakhatta No. 10, Bindukhatta,
Lalkuan, Nainital - 262402, Uttarakhand, India
Website : www.taneeshapublishers.in
E-mail : taneeshapublishers@gmail.com
Phone : +91 8454 812712, +91 8057 812712

Printed by :
Manipal Technologies Limited, Bengaluru - 560001, Karnataka

स्मृति शेष

मां बाऊजी को समर्पित

अनुक्रमणिका

लेखकीय

मैं शायर नहीं हूं,कवि भी नहीं हूं हां साहित्य प्रेमी हूं . लिखने का अदब नहीं लिखने की कला नहीं शब्दों को बांधने की सलाहियत भी नहीं पर भाव, जज्बात और हौसले में कमी नहीं इसीलिए जो भी लिखा वो भले काव्य गीत की कसौटी पर न उतरे पर मुक्त छंद में बंधे मेरे ये शब्द मेरी सहज अभिव्यक्ति है।

पहली बार कलम उठाई, पर लफ़्ज़ न साथ चले,
ख़्याल थे बहुत, मगर अल्फ़ाज़ कहीं खो चले।

दिल ने कहा कुछ लिख डालूँ, पर क्या और कैसे,
शब्द बिखर गए पन्नों पर, जैसे बूँदें बरसें।

कभी लगा, कोई कविता बन रही है,
कभी लगा, बस यूँ ही कहानी चल रही है।

रुक-रुक के सोचूँ, फिर लिखूँ, फिर काट दूँ,
जैसे दिल की बातें ख़ुद ही ठुकरा दूँ।

पर मन कहता है, लिखो, बस लिखते जाओ,
शब्दों को मत रोको, जो आए, बहने दो।

हो सकता है बेमेल लगे, अनगढ़ से हों,
पर यही पहली बार की ख़ूबसूरती है, जो अनमोल हो।"

बस यही सोचा और लिखता गया. बेमेल, अनगढ़ लय ताल से परे भले हो पर ये शब्द कोरे शब्द नहीं भावों से परिपूर्ण हैं। हां ऐसा नहीं कि कलम और मेरा साथ न रहा हो,पत्रकार हूं तो कलम और मेरा रिश्ता अटूट बेबाक रहा है। हां कविताएं लिखने में जरूर मेरी कलम ने थोड़ा समझाया पर लिखने में कभी रुकी नहीं.. जीवन के सफर में हर कदम पर मेरा साथ देने वाली मेरी अर्धांगिनी को कहने के लिए इससे बेहतर और कुछ नहीं लगा मुझे.

मेरे मित्र, भाई बहन तथा संपूर्ण परिवार के प्रति भी यही माध्यम उपयुक्त लगा. हौसलों की उड़ान भरती मेरी ये कविताएं मेरा पहला प्रयास कैसा रहा ये तो सुधि पाठक ही तय करेंगे, आपकी प्रतिक्रिया की प्रतीक्षा रहेगी ...

न छंदों की धार, न रस की कोई बात,
अलंकारों के जज़्बात, और भाव करें संवाद।

शब्दों में बंधी न हो अभिव्यक्ति की उड़ान,
मन के रंगों से खुद रचे अपनी पहचान।

नियमों की सीमा से परे जो बह जाए,
हर अनुभूति को सहज स्वर मिल जाए।
कभी मौन में गूँजे, कभी स्वर में ढल जाए,
कभी एक आहट से गीत बन जाए।

बस यूँ ही संवेदनाओं की राह गढ़ती रहे,
हर एहसास को कविता करती रहे।

कुछ कुछ होता है

कुछ कुछ होता है, जब चुपके से,
हवा कोई ख़ुशबू छोड़ जाए,
बिन बोले भी कोई अपना,
दिल की बात ये कह जाए।

कुछ कुछ होता है, जब यादों में,
कोई पल फिर से जी उठे,
भीगी आँखें हँस पड़ें और,
मुस्कान में आँसू घुल उठे।

कुछ कुछ होता है, जब राहों में,
अजनबी भी अपना लगे,
एक नज़र में जाने क्यूँ,
दिल का रिश्ता गहरा लगे।

कुछ कुछ होता है, जब तन्हाई में,
ख़्वाब कोई दस्तक दे जाए,
जागते-जागते नींद आए और,
सपनों में कोई मिल जाए।

कुछ कुछ होता है, हर पल, हर लम्हा,
जो महसूस करो, तो एहसास बन जाए,
ये धड़कन की सरगम है, जो धीरे-धीरे,
दिल के किसी कोने में साज़ बन जाए।

शब्द बुन गए जब "कुछ कुछ होता है"

शब्द बुन गए, जब एहसास गहरे थे,
दिल की सरगम में कुछ सुर ठहरे थे।

बिन कहे भी जो कह दिया तुमने,
वो खामोशियाँ भी शब्द सुनहरे थे।

नज़रों की बोली में अर्थ छिपे थे,
धड़कनों के राग भी सुलझे-सिले थे।

सपनों की किरचें भी गीत बन गईं,
यादों की परछाइयाँ मीत बन गईं।

जब हवाओं ने गुनगुनाना सीखा,
बादलों ने भी मुस्कुराना सीखा।

शब्द बुन गए जब "कुछ कुछ होता है",
मोहब्बत का हर रंग संवर सा गया।

दिल की चुप्पी भी कविता बनी थी,
बिन बोले इकरार असर सा गया।

हम भावनाओं से काम चला लेंगे

हम भावनाओं से काम चला लेंगे,
शब्दों के फेर में नहीं पड़ेंगे।
हर जज़्बात को लफ़्ज़ों में बाँधना,
ये ज़रूरी तो नहीं, समझ लेंगे।

कभी "कुछ कुछ होता है" सोचते रहे,
कभी "शब्द बुन गए" तो बोते रहे।
कड़ी मेहनत से जो बदली तक़दीर,
उन ख्वाबों को हम संजोते रहे।

कविताएँ बनीं, एहसास जगे,
बिन बोले भी रिश्ते संवरते रहे।
पर अब सोचते हैं, क्यूँ लफ्ज़ तलाशें,
जब दिल ही दिल की कहानी कहे

ना लिखेंगे, ना कहेंगे,
बस मौन की गहराइयों में बहेंगे।
जो समझेगा, वो पास रहेगा,
जो न समझे, उसे जाने देंगे।

हम भावनाओं से काम चला लेंगे,
शब्दों के फेर में नहीं पड़ेंगे!

हम जुगाड़ू हैं

हम जुगाड़ू हैं क्योंकि हम भारतीय हैं,
दिल की बाज़ी भी चालाकी से खेलते हैं।
कहीं की ईंट, कहीं का रोड़ा,
भानुमति सा कुनबा जोड़ लेते हैं।

इश्क़ में भी तजुर्बे काम आते हैं,
हर मोड़ पे हम नए दाँव चलाते हैं।
कभी चाँदनी रातों में वादे बुने,
तो कभी बहानों से बात टाल जाते हैं।

जो मिला, उसे जोड़ लिया धागों में,
जो बिछड़ा, उसे यादों में टाँक लिया।
रिश्तों की दरारों को हँसी से भरा,
हर मुश्किल को जुगाड़ से निपटा लिया।

कभी पुरानी कविताओं में खुद को खोजा,
कभी किसी शेर में अपना हाल जोड़ा।
मोहब्बत के खेल में माहिर हैं हम,
हर साज़िश को भी अफसाना बना छोड़ा।

तो क्या हुआ जो इश्क़ में चालाकी कर ली,
दिल की बाज़ी भी समझदारी से खेली।
हम जुगाड़ू हैं, यह हुनर कम नहीं,
हर मोड़ पे किस्मत बना ली नई!

हीरोइन और हेरोइन, दोनों का नशा ग़ज़ब का होता है

हीरोइन और हेरोइन, दोनों का नशा ग़ज़ब का होता है,
एक से दिल बेहाल होता है, एक दिमाग़ को खोखला करता है।

हीरोइन की अदाओं पे लोग मरते हैं,
हेरोइन के नशे में लोग बर्बाद होते हैं।

एक पर्दे पर जलवे बिखेरती,
दूसरा ज़िन्दगी के रंग ही फेरती।

एक को देखकर दिल धड़कता है,
दूसरे के चक्कर में घर तक बिकता है।

एक के इश्क़ में रातें हसीन होती हैं,
दूसरे के बाद बस तन्हाई नसीब होती है।

हीरोइन को देखने का शौक़ सबको होता है,
पर हेरोइन का नशा हर किसी को खोखला करता है।

तो संभल कर रहिए, इन दोनों जंजाल से,
वरना नाम भी मिट जाएगा, उड़ते हुए धुएँ के बवाल से!

रिश्तों में नफ़ा-नुकसान नहीं देखा जाता

रिश्तों में नफ़ा–नुकसान नहीं देखा जाता,
यह तो दिल की ज़मीन पर प्यार से बोया जाता।
हर लम्हा, हर अहसास इसमें संजोया जाता,
कोई सौदा नहीं, जो तौलकर खोया जाता।

माँ की ममता ने कभी हिसाब नहीं माँगा,
पिता की छाँव ने कोई इनाम नहीं माँगा।
भाई के कंधे ने बस हौसला दिया,
बहन की दुआओं ने बस प्यार सिया।

दोस्त की हँसी में अपनापन बसता है,
साथी की आँखों में स्नेह बरसता है।
इनमें जोड़–घटाव नहीं किया जाता,
बस दिल से निभाया और जिया जाता।

जहाँ स्वार्थ घुसा, वहाँ रिश्ता टूट गया,
जहाँ बस प्रेम था, वहाँ जीवन सुकून से गया।
अगर हर रिश्ते को मतलब से देखोगे,
तो अपनापन भी पराया हो जाएगा।

कभी बेवजह किसी अपने को याद कर लो,
बिन मतलब किसी के आंसू बांट लो।
क्योंकि रिश्ते नफ़ा–नुकसान से नहीं,
बल्कि सच्चे दिल से निभाए जाते हैं।

आजकल तो हर रिश्ता स्वार्थ में बंट गया है,
जहाँ मतलब खत्म, वहाँ अपनापन सिमट गया है।
रिश्तों को बचाना है तो भावनाओं को जगाना होगा,
रिश्ता इतिहास ना बन जाये दुरियों को मिटाना होगा।

कभी भूखा नहीं सोया, जब बाप ने कमाया और माँ ने पकाया

कभी भूखा नहीं सोया, जब बाप ने कमाया,
पसीने की कमाई से हर सपना सजाया।
माँ ने चूल्हे की आग में ममता पकाई,
अपने हिस्से की रोटी भी हमें ही खिलाई।

बाप ने खटकर तक़दीर लिखी हमारी,
माँ ने हर दुख को गोद में छुपा ली हमारी।
तब जाकर घर में सुकून बस पाया,
हर मुश्किल के बाद भी प्यार ही आया।

पर आज वही माँ-बाप अकेले पड़े हैं,
जिन्होंने बच्चों को कंधों पर चढ़ाया खड़े हैं।
कभी जिनके हाथ की रोटी के बिना खाया नहीं,
आज उनके लिए दो निवाले का वक़्त आया नहीं।

खाने की मेज़ तो बड़ी हो गई, पर माँ की थाली छोटी,
बाप की कहानियाँ अब "पुरानी बातें" होती।
जो हाथ पकड़कर हमें चलना सिखाते थे,
आज सहारे के लिए बेबस नजर आते हैं।

समय बदला, भावनाएँ भी बदल गईं,
रिश्तों की चाहत अब "समय" देखकर निकल गईं।
कभी भूखा नहीं सोया, जब बाप ने कमाया,
पर आज माँ-बाप भूखे सोए तो किसी को तरस नहीं आया।

आज खुद कमाता हूँ और भूखा सो जाता हूँ

कल तक बाप कमाता था, माँ रोटियाँ पकाती थी,
छोटी–छोटी खुशियाँ भी त्योहार सी लग जाती थीं।
कोई चिंता नहीं थी, कोई बोझ नहीं था,
हर मुश्किल में भी अपनों का साथ था।

आज खुद कमाता हूँ और भूखा सो जाता हूँ,
जेब में पैसे हैं, पर सुकून कहीं खो आता हूँ।
घर बड़ा हो गया, दिल छोटा पड़ गया,
अपनों के बीच भी जैसे अजनबी हो गया।

सुखी रोटी और भले सिर्फ पानी का झोल था
पर माँ के हाथों का निवाला अनमोल था,
तब बाप के कंधों पर चढ़ दुनिया देखा करते थे
आज कंधों पर जिम्मेदारियों का बोझ लिए फिरते हैं

कमाने की होड़ में सब कुछ कमाया,
पर जो अपना था, वही सबसे दूर हो गया।
अब समझ आया कि पैसा सब कुछ नहीं,
अगर अपनापन न हो, तो जीवन भी अधूरा हो गया।

काश, फिर से वही पुराने दिन लौट आते,
जहाँ दौलत नहीं, बस रिश्तों के दीप जलते।
आज खुद कमाता हूँ और भूखा सो जाता हूँ,
क्योंकि रोटियाँ तो हैं, पर वो प्यार नहीं पाता हूँ!

भीड़ से परे

मैंने पूछा, "कहाँ हो तुम?"
वो बोली, "नज़रें झुकाओ!
मैंने कहा भीड़ बहुत है

बस फिर क्या था, भौंहें तान ली,
नज़रों से ही तूफ़ान उठा दिया।
गुस्से में पाँव पटककर बोली,
"तो मैं ही हट जाती हूँ भीड़ भाड़ से"

मैं हंसा, वो और भड़क गई,
मैं बढ़ा, तो वो सिमट गई।
बोली, "मुझे मनाने का हक़ नहीं तुझे!"
मैंने कहा, "रूठने की आदत भी मत बना तू!"

थोड़ा मचली, थोड़ा झुंझलाई,
फिर धीमे से मुस्कुराई।
बोली, "भीड़ हटाकर जगह दोगे?"
मैंने कहा, "दिल की गली तेरे बिना सूनी है!"

बस इतना सुनते ही नाराज़गी पिघल गई,
थोड़ा प्यार से तकरार हुई,
फिर एक नज़र झुकाकर बोली—
"अब ठीक है, वरना सच में चली जाती!"

भीड़ से परे, तेरा ही बसेरा

मैंने पूछा, "कहाँ हो?"
तूने कहा, "नज़र झुकाओ!"
झुकाई तो देखा—भीड़ बहुत है,
अजनबी चेहरों से भरी,
कभी धक्का, कभी भगदड़ मचती,
कोई गिरता, कोई संभलता।

तू कहती है—
"ऐसी भीड़ में क्या सुकून, क्या शांति?
न भक्ति, न प्रेम, बस भागमभाग।
मैं भीड़ नहीं चाहती,
क्योंकि मैं अलग हूँ, जुदा हूँ!"

सुनो, तू भीड़ का हिस्सा नहीं है,
तू उस भीड़ की वजह है।
तूने जब पहली बार हँसकर देखा,
तो कई आँखों में चमक आ गई।
तेरी मौजूदगी ही लोगों को खींच लाती है,
तू रौशनी है, जिसे अंधेरे घेर लेते हैं।

पर मैं जानता हूँ—
तेरी भीड़ तेरा चुनाव है,
कोई मजबूरी नहीं।
तूने चाहा, तो दुनिया तुझ पर झुकी,
- तूने चाहा, तो भीड़ भी पीछे हटी।

इसलिए, चाहे तू जहाँ भी रहे,
मेरे दिल के शहर में बस तेरा ही बसेरा है,
भीड़ तो बस एक बहाना है।

तू भीड़ से परे, मैं तेरा साया

मैंने पूछा, "कहाँ हो?"
तूने कहा, "नज़रें झुकाओ!"
झुकाई तो देखा—भीड़ बहुत है
फिर तुझे देखा, जो मुझसे मुँह मोड़कर चल दी।

मैंने पूछा, "रूठ गईं?"
तूने कहा—
"न रूठने की आदत रही, न मनाने का इंतज़ार,
न कोई शिकवा, न शिकायत,
न चुभन, न जलन
मेरे पास खुला आसमान है,
ज़मीन का विस्तार,
और सपनों की उड़ान!"

तेरी आँखों में कोई दर्द नहीं,
कोई उलझन नहीं
बस एक ठहराव, एक शांति।
दिल का कोना सूना सही, पर शांत है,
कोलाहल से दूर
तेरी अपनी दुनिया, भीड़ से परे!

पर सुन..
तू मेरी भीड़ का हिस्सा नहीं बनना चाहती,
पर मैं कभी तुझे भीड़ का हिस्सा मानता ही नहीं था।
तू अलग थी, तू अलग है,
मेरी दुनिया में सिर्फ तेरा ही नाम था।

अगर भीड़ से भागकर सुकून मिला है,
तो जा, खुला आसमान तेरा है!
पर याद रखना
तू भले ही भीड़ का हिस्सा न बने,
पर मेरी तन्हाई में तेरा साया हमेशा रहेगा..
कभी नहीं मिटने वाला!

अधूरी तलाश

कुछ अहसास थे
जो कभी जगे थे
रेशमी ख्वाबों से
बुने थे,
नगमे प्यार के सुने थे
गीत हवाओं में घुले थे
किसी ने दिल के दरवाज़े खोले थे
बिना दस्तक होले से कदम डोले थे
पर अंदर भीड़ बहुत थी
जगह कम थी
घुटन ज्यादा थी
भीड़ में घुसना भीड़ से भिड़ना
मेरी हिम्मत नहीं थी
मुझे तो निकलना ही था
खुली हवा में, नीले आसमान में
बहती फिजाओं में
खिलती बहारों में
रंगीन नज़ारों में...
तेरे दिल के शहर में
बसेरे की तलाश
कहीं अधूरी रह गई
भीड़ जुटती गई
जगह घटती गई

मैं दरवाज़े पे ही रही फिर
धीरे धीरे बाहर की तरफ धकेली गई
घबरा कर मैं आ गई
बाहर
अपनी दुनियां में
फिर से वही
सूनापन
कच्चे ख्वाबों के टूटते घरौंदे
उम्मीदों की टूटती शाखें
कल्पनाओं के कुचले फूलों को
अपनी झोली में समेटे
अब मैं हूं
अपने अनजाने सपनों के साथ
भीड़ से परे
कोलाहल से दूर
कुछ नई उम्मीदें
नए ख्वाब
नई डगर
नई उड़ान के साथ
जहां डर नहीं होगा
सपनों के टूटने का
शायद

भीड़ से परे, तेरी तलाश अब भी बाकी है

कुछ अहसास थे,
जो कभी जगे थे,
रेशमी ख्वाबों से बुने थे,
पर शायद भीड़ की धूल ने उन्हें ढँक लिया था।

तेरे कदम दरवाज़े पर रुके थे,
भीतर झाँका, पर घुटन ज़्यादा थी।
न जगह थी, न सुकून,
तेरे खुले आसमान को
वहाँ का कोलाहल बाँध नहीं सकता था।

तू चली गई
अपनी दुनिया में, जहाँ सिर्फ तू थी।
तेरी झोली में बिखरे हुए ख्वाब,
टूटे घरौंदे, कुचले हुए फूल,
पर आँखों में फिर भी उम्मीदों के नए बीज थे।

मैं जानता हूँ,
तू भीड़ का हिस्सा कभी नहीं थी,
तू खुद एक कारवां थी,
जो अपनी राह खुद बनाती है।

शायद यह सफर अधूरा नहीं,
बस तेरा बसेरा किसी और मोड़ पर है।
जहाँ तेरे ख्वाब पूरे होंगे,
जहाँ कोई भीड़ नहीं होगी,
बस तेरी अपनी खुली दुनिया होगी
जहाँ तुझे कभी भी दरवाज़े से वापस न लौटना पड़े!

चला जाऊंगा

तेरी राहों में कोई काँटा न बिछाऊँगा,
तेरी मुश्किल न बढ़ाऊँगा, चला जाऊँगा।
आँखों में अश्क छुपा लूँगा मुस्कुराकर,
दर्द अपना न दिखाऊँगा, चला जाऊँगा।

तेरी चौखट पे कुछ पल ठहरने तो दे,
इन दीवारों से लिपटने तो दे,
जब साँसें संभल जाएंगी मेरी,
ख़ुद ही उठकर चला जाऊँगा।

कोई ख्वाब आए, ना आए कोई,
मैं बस उम्मीद जगाऊँगा, चला जाऊँगा।
तेरी यादों की चादर ओढ़कर,
एक नया गीत गुनगुनाऊँगा, चला जाऊँगा।

इन महलों की दौलत से क्या लेना मुझे?
मुझे बस तेरा एक दीदार चाहिए।
एक बार तुझे जी भर के देख लूँ,
फिर निगाहें झुकाऊँगा, चला जाऊँगा।

चंद यादें जो बचपन सी मासूम हैं,
उन्हें सीने से लगाऊँगा, चला जाऊँगा।
इन गलियों में बिखरी हुई हँसी समेटकर,
ख़ुद को फिर से रुलाऊँगा, चला जाऊँगा।

मगर सुन,
मौसम-ए-गुल की तरह लौट आऊँगा,
तेरी दुनिया में फिर से बहारें लाऊँगा,
हर तरफ प्यार के फूल खिलाऊँगा
फिर भी तुझे सताऊँगा और फिर से चला जाऊँगा!

ना वो चली ना मैं रुका

वो कहती, "रुक जाओ, ठहर जाओ,"
मैं कहता, "चलो, कुछ दूर और साथ चलो।"
मगर न वो चलती, न मैं रुकता,
बस फासले थे जो बढ़ते रहे

उसकी आँखों में एक सवाल था,
मेरी ख़ामोशी में एक जवाब था,
पर दोनों अपनी जिद में ऐसे बंधे,
कि ना वो समझी, ना मैं खुला

वो चाहती थी मैं लौट आऊँ,
मैं चाहता था वो हाथ बढ़ाए,
मगर हम दोनों की ज़िद ऐसी,
कि ना उसने बुलाया, ना मैंने आवाज़ लगाई

अब मैं चलता जा रहा हूँ,
वो वहीं ठहरी देख रही है,
शायद अब भी सोच रही हो—
"काश! वो बस एक पल रुक जाता"

मैंने चाहा था

वो कहती रही, "तुमने मुड़कर भी न देखा,"
मैं मुस्कुराया, "देखा था मगर कुछ कहा नहीं।"
तेरी हर आहट सुनी थी,
तेरी परछाईं भी राहों में देखी थी।

तू कहती रही, "मैं तो चल ही रही थी,"
पर क्या सच में तू चल रही थी?
या बस ठहरी थी अपनी ज़िद पर,
कि मैं लौटूँ, मैं पुकारूँ, मैं रोक लूँ

मैंने चाहा था तू साथ चले,
पर तेरा इरादा ठहरने का था,
तो कैसे रोकता, क्यों रोकता?
जो रुकना ही चाहे, उसे खींचा नहीं करते

मैं चलता गया, तू वहीं रही,
और मैं उस मोड़ पर रुका भी,
पर तू नहीं आई

तेरी उम्मीदें मेरी ख़ामोशी से टकराती रहीं,
फासले शायद इतने बड़े नहीं थे,
पर हम दोनों ने कोई पुल भी नहीं बनाया

सूखे हुए अश्क

सुनो,
मत बिछाना मेरी राहों में काँटें
मत बढ़ाना मेरी मुश्किलें
सूखे हुए अश्कों को गीला न काना
दर्द का बहाना न करना

मेरे घर की चौखटों ने इंतजार झाड़ दिया
दीवारों ने यादों का दुशाला उतार दिया
हां, सांसों में महकता है चंदन अभी भी
पर धड़कनों ने संभल कर साज़ संवार दिया

ख्वाबों का क्या है, आते हैं जाते हैं
उम्मीदों के दीप जलाकर बेगाने हो जाते हैं
इनके चक्कर में खुद को न बिसराना
सुनो तुम यादों में खुद को न गलाना

दीदार की आस में कुछ हो सा गया है
भीड़ में चेहरा मेरा खो सा गया है
निगाहे झुकी पर नज़र नहीं आई
बेख्याली की चादर तान कोई सो सा गया है

सुनो,
मासूम यादों को मैंने समेट कर
रख दिया
हंसी जो बिखरी थी इधर उधर
मेरे लबों पर बिठा लिया
आंसू देते हैं हंसी को चुनौती
हंसी ने उसे भी स्वीकार लिया है

मुझे पता है पतझड़ के जाते ही
बहारें लौट कर आती हैं
फूल फिर खिलते हैं
फिजाएं महकती हैं
मैं संभाल लूंगी इन फूलों को
दिल के किसी कोने में
फिर निकालूंगी इन्हें
पतझड़ के मौसम में

कविताओं की फैक्ट्री या गोदाम

जिसने अनगिनत पीड़ाएँ सही हों,
उसे अब दर्द क्या नया लिखने की प्रेरणा देगा?
अभी पीड़ा उठे और अभी शब्द बहें,
ऐसा नहीं होता, मेरी जान।
ये सब तो पहले से ही भरा पड़ा है,
हम इसे "फैक्ट्री" कहते हैं,
पर ये गोदाम भी तो हो सकता है!

जहाँ हर अहसास
किसी पुरानी कविता की धूल में दबा है,
जहाँ हर भावना
किसी अधूरी पंक्ति में सांस ले रही है,
जहाँ हर दर्द
कभी ग़ज़ल, कभी रुबाई बन जाता है,
और हर आँसू
शब्दों में ढलकर अमर हो जाता है।

तुम्हें क्या लगा?
मैं अब भी नया दर्द खोजता हूँ?
नहीं, मेरी हर कविता में
पहले ही हज़ार ज़ख्म सांस लेते हैं।
मैंने जितना बहाया, उतना ही संजो लिया,
अब नया कुछ भी नहीं,

बस वही पुराना दर्द
नई स्याही में ढलता रहता है।

मेरी कविताओं की फैक्ट्री में
भावनाएँ यूँ ही नहीं बनतीं,
वो तो बरसों से यहाँ रखी हैं,
कभी गीत, कभी शायरी,
कभी कहानी, कभी ख़ामोशी बनकर।
मैं कोई नया दर्द नहीं खोजता,
बस अपने गोदाम से
हर बार एक नया आइना निकाल लाता हूँ,
जिसमें तुम अपनी ही परछाई देख सको।

मैं खुद भीड़ हूँ, तुम मुझमें खो जाओगी

तुम्हें क्या लगा मैं कहीं खो जाऊँगा,
कि तुम मेरे अहसासों पर राज कर जाओगी?
मैं वो ठोस इरादा हूँ, जो रुकने नहीं देता,
मेरा हौसला मुझे कभी झुकने नहीं देता

मेरी हर धड़कन में बसी है अपनी कहानी,
जिसमें हर लफ़्ज़ खुद को संजोए, निखरते रहते हैं।

तुम्हें मुझमें ही खोना पड़ेगा,
मेरी परछाईं से बचकर कहाँ जाओगी?
मैं वो लहर नहीं जो किनारों से टकराए,
मैं समंदर हूँ, जिसमें उतरना ही पड़ेगा।

मैं वो धुआँ नहीं जो हवा में घुल जाए,
मैं वो शोला हूँ जो रौशनी भी है और जलन भी।
तुम भीड़ में खोती हो,
और मैं खुद भीड़ हूँ–
तुम्हें मेरी हलचल में जीना ही पड़ेगा।

मैं नाम नहीं, एक सिलसिला हूँ,
जिसे मिटाने के लिए तुम्हें
खुद को भी मिटाना पड़ेगा।
ये मत समझो कि मेरा अस्तित्व कभी फीका पड़ जाएगा,

मेरे अहसासों की रौशनी में तुम अपना रूप ढूंढ नहीं पाओगी,
मैं वो तूफानी भीड़ हूँ, जो अपने आप में समाई है,
जहाँ हर खो जाने वाला ख्वाब फिर से नई राह बनाता है।

तुम्हारी तलाश, तुम्हारे टूटते ख्वाब की खनक
मेरे अंदर के अनंत सागर में डूब जाती है,
क्योंकि मैं खुद भीड़ हूँ, मेरा वजूद है बेहिसाब,
और तुम मुझमें ही खो जाओगी—ये है मेरा अनंत विश्वास।।

निगाहों के बंधन

तुमने भले कभी नहीं रोका,
पर रुकने के लिए कहना ही कहाँ पड़ता है?
कुछ निगाहें भी बाँध लेती हैं,
कुछ साँसें भी थाम लेती हैं,
पर तुमने न आँखों से रोका, न साँसों से।

तुम्हें लगा, "मैं परिंदा हूँ,"
हाँ, परिंदे उड़ते हैं,
पर लौटते भी हैं अपने घोंसले,
जहाँ कोई इंतज़ार करता हो।
तुम्हारे शब्दों में इंतज़ार नहीं था,
सिर्फ एक सफाई थी—
"मैंने कभी नहीं रोका!"

तुम्हें लगा, "मेरे ख्वाब पर्वत से ऊँचे हैं,"
पर तुमने कभी पूछा नहीं कि
इन ख्वाबों में तुम्हारी जगह कहाँ थी?
क्या कोई कोना तुम्हारे लिए बचा था
या तुम खुद ही किनारे खड़ी रही,
बस मुझे बढ़ते हुए देखने के लिए?

"तुमने मेरी आँखों में सवाल नहीं देखे?"
अजीब बात है,

मैंने तो उनमें हज़ारों अनकही बातें देखी थीं।
पर शायद हम दोनों ही,
एक-दूसरे की चुप्पी को सुन नहीं पाए।

और सुनो,
तुमने कहा, "मैंने कभी नहीं कहा रुको,"
तो सुनो,
मैंने भी कभी नहीं कहा "मैं लौटूँगा,"
पर फिर भी,
हर मोड़ पर तुम मुझे महसूस करोगी।
भीड़ में, ख़ामोशी में, धड़कनों के बीच,
तुम्हें लगेगा मैं गया नहीं,
बस तुम्हारी दुनिया का हिस्सा बन गया।

अब भी कहूँ, "चलो"?
या तुम्हें खुद ही एहसास हो
कि साथ चलने के लिए
कभी-कभी शब्दों की नहीं,
सिर्फ एक इशारे की ज़रूरत होती है..

शब्दों की उलझन

तेरे शब्द, मेरे शब्द,
मेरे शब्द, तेरे शब्द,
यूँ उलझे एक-दूसरे में
जैसे रेशमी धागों की गिरह,
जिसका कोई और छोर नहीं,
जिसका कोई सिरा नहीं।

सच कहूँ तो,
ये उलझन सुलझना ही नहीं चाहती,
क्योंकि हर गाँठ में छुपी है
किसी एहसास की गर्माहट,
हर मोड़ पर बंधी है
एक नए अर्थ की डोर।

अगर सुलझ गए तो क्या होगा?
ये धागे सीधे हो जाएंगे,
पर वो नर्म लचक खो जाएगी
जिसमें तेरी मुस्कान थी,
जिसमें मेरी खामोशी थी,
जिसमें हमारी कहानियाँ थीं।

कभी सोचा है,
अगर उलझन ही मिलन है,

तो सुलझना विरह क्यों बनता है?
शायद इसलिए कि कुछ रिश्ते
गठानों में ही साँस लेते हैं,
कुछ मोहब्बतें
धागों की भूलभुलैया में ही
अपनी पहचान पाती हैं।

तो क्यों न इन्हें ऐसे ही रहने दें?
ना किसी हल की तलाश करें,
ना कोई दिशा ढूँढें,
बस उलझे रहें,
जैसे नदी उलझी रहती है
अपने ही बहाव में,
जैसे चाँद उलझा रहता है
अपनी ही चाँदनी में,
जैसे हम उलझे हैं
अपने ही शब्दों में..

मैं क्या हूँ

वो कहते हैं,
"बड़ा कॉन्फिडेंस है खुद पर,
कुछ हो न हो,
तुम जरूर निकाल लोगे!"

मैं मुस्कुराता हूँ,
क्योंकि लिखावट मेरा हुनर नहीं,
मेरी पहचान है,
शब्द मेरी जमीं हैं,
और सोच मेरा आसमां।

वो बड़े साहित्यकार सही,
पर बातों में मुझसे जीत नहीं पाते,
क्योंकि मैं तर्क से नहीं,
एहसास से जवाब देता हूँ।

मैं पत्रकार हूँ,
सवाल करना और जवाब देना
मेरी फ़ितरत में शामिल है,
हर तर्क का सटीक उत्तर देना,
हर भ्रम की परतें खोल देना,
बस यही मेरा स्वभाव है।

मैंने कलम को हथियार नहीं,
रूह का आईना बनाया है,
जहाँ हर शब्द, हर लफ़्ज़,
मेरी सच्चाई को उकेरता है।

शक करना उनकी फितरत सही,
पर जवाब देना मेरी आदत है,
मैं लिखता हूँ,
क्योंकि मेरे शब्द ही मेरा वजूद हैं,
और इस वजूद को मिटाने की ताकत,
किसी भी शक में नहीं!

नदी की अधूरी तलाश

वो कहती है–
"मैं नदी हूँ, बहना मेरा स्वभाव है,"
पर किनारों से सटकर,
हर मोड़ पर बलखाकर,
हर पत्थर से उलझकर भी
मुझे सागर में खोना नहीं।

मैं बरसात में खिलती हूँ,
धूप में सिकुड़ती हूँ,
कभी शांत, कभी उफनती,
पर अपनी लहरों को समेटकर भी
किसी एक छोर से बंधना नहीं।

मुझे बारिशों से प्यार है,
पर बादलों से बंधकर बरसना नहीं,
मुझे हवाओं की संगत पसंद है,
पर किसी एक दिशा में झुकना नहीं।

मैं स्वच्छंद हूँ, मगर स्वच्छंद नहीं,
मैं बहाव हूँ, मगर विलीन नहीं,
मुझे समंदर की प्यास समझ आती है,
पर उसके खारेपन में घुल जाना मंजूर नहीं।

कौन कहता है कि मैं अधूरी हूँ?
क्या हर नदी का मुकाम सागर ही हो?
क्या हर बहाव का अंत एक मिलन में हो?
क्या मैं अपने अस्तित्व में पूरी नहीं?

मैं सूख सकती हूँ,
रेत में बिखर सकती हूँ,
बूँद बनकर आसमान में उड़ सकती हूँ—
मिटने को तैयार,
पर खो जाने को नहीं।

मैं स्वच्छंद हूँ, मैं अपरिभाषित हूँ—
मैं बहती हुई कविता हूँ,
जिसे पढ़ा तो जा सकता है,
पर पूरी तरह समझा नहीं जा सकता।

रिश्तों की बुनियाद

रिश्तों में इतनी नमी रहे,
कि आँखें कहें, दिल समझे रहे।
सच को पूछने की बात न हो,
हर पल विश्वास सजा रहे।

भरोसा इतना गहरा हो,
झूठ का कोई पहरा न हो।
बिन बोले सब समझ सके,
मन में कोई खटपट न हो।

पारदर्शिता की रौशनी हो,
हर लम्हा उसमें नहाया हो।
जो दिल में हो, वही जुबां पर,
रिश्ता यूँ ही निभाया हो।

ना कोई डर, ना पर्दा हो,
स्नेह से जगमग धागा हो।
ऐसा बंधन, ऐसा नाता,
हर जनम यूँ ही प्यारा हो।

हाँ, ऐसा नहीं होता

हाँ, ऐसा नहीं होता,
हर रिश्ता यूँ सच्चा नहीं होता।
नमी तो होती है आँखों में,
पर हर दिल समझता नहीं होता।

कभी भरोसे की दीवारें गिरती हैं,
कभी सच कहने से डर लगता है।
मन का दर्पण धुंधला पड़ जाता,
जब अपनों से ही मन खटकता है।

पारदर्शिता का सपना लेकर,
हम अक्सर सफर में चलते हैं।
पर कभी-कभी अपने ही साए,
हमसे अनजाने बदलते हैं।

हर रिश्ते में दरारें होती हैं,
हर शब्द में उजाला नहीं होता।
मगर फिर भी इस जीवन में,
प्यार से प्यारा कुछ नहीं होता।

तो चलो, जितना संभव हो,
स्नेह से रिश्ते निभाते रहें।
सच भी कहें, झूठ भी सहें,
मगर मन से मन तक आते रहें।

तेरी अहमियत

मुझे दुनिया को नहीं बताना,
कि तू मेरे लिए क्या है,
दिल की धड़कन, साँसों की सरगम,
पर तुझसे कुछ न कहना है।

तू साथ है तो हर दिन प्यारा,
वरना सब कुछ बेमानी है,
तेरी हँसी है जैसे उजियारा,
जो हर दुख पर पानी है।

तू है तो रंग हैं गुलशन में,
बिन तेरे ये वीरान लगे,
तू मिले तो हर पल मेरा,
बिन तेरे बेनाम लगे।

तेरी अहमियत मैं क्यूँ बताऊँ,
शब्दों में कैसे बाँधूँ इसे,
इश्क़ मेरा है गहरी नदी सा,
जो बहे बिना भी गहरा दिखे।

तू जाने या न जाने कभी,
ये तेरा हक़, ये तेरा दिल,
पर मैं तुझमें ही पूरा हूँ,
बस तेरा हूँ, बस तेरा ही।

बातें कम, खामोशी ज्यादा

बातें तो कभी–कभी ही चुभती हैं,
पर बात ना करना तो मार ही जाता
दिल में जो हलचल उठती रहती,
वो हर लम्हा बेकरार ही जाता

तू पास रहे तो शिकवे भी मीठे,
बिन तेरे ये लफ़्ज़ भी रूठे,
सुन लेता हूँ हवा से तेरी ख़बर,
पर ये दिल फिर भी तुझको ही ढूँढे।

चुप रहकर भी दर्द बढ़ा है,
तेरी खामोशी सवाल बना है,
तू बोले तो राहत सी मिलती,
वरना हर लम्हा बवाल बना है।

रूठे तो फिर मना भी लेना,
बिन बात के दूर ना जाना,
बातें नहीं तो रिश्ते भी सूने,
ख़ामोशियों को आवाज़ दे जाना।

बातें नहीं तो क्या रहा?

बातें तो कभी–कभी ही चुभती हैं,
पर बात ना करना
जैसे चाँद हो पर चाँदनी नहीं,
जैसे साज़ हो पर राग नहीं।

तेरी हँसी से थी जो रोशनी,
अब अंधेरों का डेरा है,
शब्दों की जोत बुझ गई,
खामोशी का बसेरा है।

अगर गलती थी, तो कह दिया होता,
पर यूँ चुप रहकर सज़ा न दो,
बातों में था जो अपनापन,
वो नज़रों से जुदा न हो।

अगर कभी लौट आओ तो पूछना,
कि सांसें थी पर सुकून कहाँ?
तेरी चुप्पी ने तोड़ दिया,
वरना धड़कनें अब तक बाकी थीं..

उन्हें प्रेम रास नहीं आया

आजकल उनके पास समय नहीं रहता,
हर पल किसी उलझन में घिरी रहती हैं,
मिलो तो चेहरा उदास सा लगे,
जैसे खुद से ही वो डरी रहती हैं।

पूछो कुछ, बताएं कुछ और,
बातों में जैसे कोई राज़ छुपा हो,
लब हँसते हैं, पर आँखें कहतीं,
दिल में कोई बोझ दबा हो।

प्रेम उन्हें रास नहीं आया,
या शायद उन्होंने इसे अपनाया नहीं,
हर दर्द महसूस कर लेती हैं,
पर अपना कोई ग़म जताया नहीं।

कभी किसी और के आँसू पोंछें,
कभी किसी और के दर्द में जलें,
खुद की ख़ुशी का ख़याल कहाँ?
वो तो बस औरों के दु:ख में पलें।

काश कभी खुद से मिल पातीं,
अपने लिए भी मुस्कुरा पातीं,
प्रेम सिर्फ़ देने का नाम नहीं,
काश ये बात समझ पातीं..

क्या जोड़ना, क्या तोड़ना

क्या जोड़ना, क्या तोड़ना,
कुछ अफ़सोस, कुछ पछतावा,
जो हुआ, वो नहीं होना चाहिए था,
जो होना था, वो रह गया अधूरा।

अगर वो ये कर लेती,
तो शायद कुछ और होता,
अगर वो वो कर लेती,
तो शायद कोई और मोड़ होता।

पर ज़िंदगी कोई हिसाब नहीं,
जहाँ जोड़-घटाव से राह बने,
यहाँ तो जो पल बीत गया,
वो लौटकर कभी नहीं मिले।

कभी सोचती, काश ऐसा होता,
तो दिल को थोड़ी राहत मिलती,
पर सच यही है कि जो हुआ,
वो ही उसकी तक़दीर लिखती।

अब पछतावे से क्या मिलेगा?
जो गया, वो लौटेगा नहीं,
बेहतर यही कि सीख लें उससे,
जो कल था, वो दोबारा हो नहीं।

हौसलों की उड़ान

मेरे हौसलों का सूरज

जो मेरे हौसले मापता है,
उसे मिलता नहीं कोई तराजू,
मेरी उड़ान को जो रोक सके,
वो नहीं बना कोई बाजू।

मुश्किलें देने बहुत आए लोग,
राहों में बिछाए कांटे हज़ार,
पर मुश्किलें भी मुश्किल में आ गईं,
जब देखा मेरा हौसला अपार।

ऐसे दौर भी आए जहाँ,
सब कुछ लगा खत्म हुआ,
पर राख से उठता हूँ मैं,
हर बार नया सूरज हुआ।

गिरा, संभला, फिर मुस्काया,
ख़ुद की आग में तपकर निखरा,
जो सोचें कि मैं रुक जाऊँगा,
उन्हें जवाब देता है मेरा सवेरा।

मेरे हौसले की कोई हद नहीं,
ना कोई छत, ना कोई किनारा,
जहाँ अंधेरे ने डेरा जमाया,
वहीं मैंने जलाया उजियारा।

मेरे हौसले

मेरे हौसलों की कोई हद नहीं,
ना आसमां, ना ज़मीं सरहद नहीं।
तूफ़ानों से लड़ना आदत में है,
मुसीबतों से डरना मेरी फितरत नहीं।

संकट की आँधी जब भी चले,
ये दीपक तब और तेज़ जले।
डगमगाना मेरी रीति नहीं,
पीछे हटना मेरी नीति नहीं।

चट्टानों से टकरा कर भी,
मैं राह खुद अपनी बनाता हूँ।
हर मुश्किल को हंसकर पी लूँ,
पत्थर को भी फूल बनाता हूँ।

ज़ख्म मिले तो हौसला बढ़ा,
हर दर्द को मैंने संगीत किया।
गिरा कई बार, फिर उठ खड़ा,
हर ठोकर को तक़दीर किया।

मेरे हौसलों की कोई हद नहीं,
जहाँ चाहूँ, वहाँ रास्ते बुन दूँ।
सपनों को अपनी साँसें देकर,
हर मुश्किल को मैं चीर दूँ।

हौसलों की उड़ान

मुश्किलों को और बढ़ने दो,
हौसलों को और खिलने दो।
आँधियों से कह दो खुलकर चलें,
दीप को और जलने दो।

रुकावटें आएँ तो आने दो,
कदमों को और सँवरने दो।
जो राह कठिन है, वही मेरी है,
मंज़िल को और निखरने दो।

जाओ, ऊँचा कर दो आसमान को,
उड़ान मेरी और भरने दो।
हदों में बंधना मुमकिन नहीं,
बंदिशों को और बिखरने दो।

चट्टानों से टकराकर भी,
एक नया इतिहास लिखूँगा।
हर मुश्किल को मात देकर,
आने वाला सूर्य बनूँगा।

तूफ़ान भी जब घबराएँगे,
मेरी ज़िद से टकराएँगे,
लड़ूँगा जब तक साँस रहे,
जो हारे नहीं, वो हिम्मत रहे।

अजेय हूँ मैं

तू डर मत, मुश्किल से लड़,
हौसलों को आग दे, खुद को खड़ा कर।
ऊँचाइयों को छू, गिरकर भी उठ,
तेरी रगों में है शोला, इसे और जला कर!

राहों में कांटे, उन्हें अनदेखा कर
जहाँ से गुजरे, वहाँ रास्ता नया कर
चलने में तू बन जा बहती नदी,
कोई रोके तुझे, तो बढ़ जा लहरों की तरह बेक़ाबू सही

अजेय हूँ मैं! ना रुकूँ, ना झुकूँ!
जो सामने आए, उसे मैं चीर दूँ!
हवा से तेज़, आग से जलता!
बिजली सा चमकता, मौत से भी लड़ता!

बढ़ने में आग सा, जलने में लपट!
बहने में पानी, हर दिवार को गिरा रख!
उड़ने में धुएं सा, जो आसमान छू ले!
लड़ने में तूफान, जो पहाड़ तक झुका दे!

रुकेगा नहीं, झुकेगा नहीं,
जब तक साँस तब तक आग जलेगी!
दुनिया रोकने आएगी तुझे,

पर तेरी हिम्मत कभी ना रुकेगी!
अजेय हूँ मैं! ना रुकूँ, ना झुकूँ!
जो सामने आए, उसे मैं चीर दूँ!
हवा से तेज़, आग से जलता!
बिजली सा चमकता, मौत से भी लड़ता!

अभी तो बस शुरुआत है

तू समझा इसे मंज़िल, ये तो बस एक पड़ाव है,
तेरी दुनिया छोटी होगी, मेरा सफर लाजवाब है।
अभी तो छत नापी है, आसमान अभी बाक़ी है,
तूने तो बस झाँकी देखी, पूरी उड़ान अभी बाक़ी है।

मेरी राहों में अंधेरे हैं, पर रौशनी भी साथ है,
गिरा तो कई बार हूँ, पर हौसले भी बेहताशा हैं।
जो रोक सके मुझे, वो तूफ़ान अभी बना नहीं,
जो हरा सके मुझे, वो मैदान अभी सजा नहीं।

तूने लहरों को देखा, समंदर की गहराई नहीं,
तूने शोले को देखा, मगर जलने की सच्चाई नहीं।
अब भी सोचता है तू कि थम जाऊँगा यहाँ,
अभी तो बस शुरुआत है, पूरी लड़ाई अभी बाक़ी है!

जीवन की चढ़ाई

जीवन चढ़ाई की राह सरीखा,
ऊँचाइयों तक जाने का तरीका।
कदम–कदम पर संग चुनौती,
पर हर शिखर की अपनी खूबसूरती।

कभी राहें सीधी, सरल बहारें,
कभी अंधेरी, उलझी धारें।
कभी सब कुछ सहज लगे,
कभी हर पल उलझन जगे।

पर जो दृढ़ता से चलते जाते,
मंज़िल पर दृश्य नए दिखलाते।
हर कठिनाई एक सबक सिखाए,
हर गिरावट उड़ान सिखाए।

चलो बढ़ते रहें इस डगर,
हर अनुभव बने नई उमर।
चढ़ाई कठिन, पर नज़ारा खास,
संघर्ष के संग सफलता का एहसास।

जीवन का सार

जो बदलने का रखते हैं हौसला,
सफलता उनका करती उजाला।
जो राहों में खुद को गढ़ते हैं,
संघर्ष से सपने जोड़ते हैं।

हर पल का आनंद जी लो,
समय फिर लौटकर न आए।
बीते लम्हों को क्यों रोना,
हर क्षण में नई रोशनी लाए।

तुलना के बंधन मत बांधो,
खुशियों को अपने संग साधो।
जो जैसा है, वैसा ही अच्छा,
अपनी दुनिया खुद को रचवा।

जीवन सरल नहीं, पर सुंदर है,
हर दिन एक नया अवसर है।
हौसले से जीना सीखो,
खुशियों की बारिश में भीग लो!

ऊंची उड़ान

जो गिरने से डरते हैं,
वे उड़ने का हक खो देते हैं।
जो आकाश को छूना चाहें,
हवाओं से नहीं रोते हैं।

जीवन की कठिनाइयाँ,
मजबूती का संबल बनती हैं।
हर मुश्किल राह के नीचे,
संभावनाएँ अंकुर बनती हैं।

असफलता से घबराना क्यों?
यह तो पहली सीढ़ी है।
सीखो, समझो, फिर बढ़ो,
यही जीत की लकीरें हैं।

जो गिरकर उठना जानते,
सफलता वही गले लगाती।
हौसले की ऊँची उड़ान में,
हर मुश्किल भी राह दिखाती।

सपनों की उड़ान

सपने वो नहीं, जो नींद में आएं,
सपने वो हैं, जो सोने न दें।
जो हर पल दिल में जलते रहें,
जो राहों में दीप सा बनने चलें।

आँखों में बसी जो चमक बनें,
साहस की लौ में जो धधक उठें।
जो मंज़िल की ओर हमें मोड़ दें,
हर मुश्किल से लड़ने को जोड़ दें।

आराम की चादर जो ठुकराए,
मेहनत की राहों में जो मुस्काए।
जो थकान को भी हरा सके,
हर संघर्ष से कुछ नया रच सके।

सपने वही, जो हौसले जगाएं,
जो उड़ान को नए पंख लगाएं।
जो सोने न दें, बस चलते रहें,
सफलता के सूरज तक बढ़ते रहें।

मुझे शांत मत समझना

मुझे शांत देखकर, तुमने समझा, मुझमें रवानी नहीं,
पर ये ठहरी हुई झील है, कोई बंजर कहानी नहीं।
मैंने कहा था, छेड़ो मत, यूँ हल्के में मत लो,
जब उठूँगा, तूफ़ान बनकर, रास्ते बदल दूँगा जो।

सहनशीलता को मेरी कमजोरी मत मानो,
ये ख़ामोशी का सैलाब है, इसे यूँ न पहचानो।
जो दबा हूँ, तो बस अपनी ही मर्ज़ी से,
वरना जब उठूँगा, तो रुकोगे मेरे दरिया के बहाव से।

तुमने देखा है मुझे ठहरे पानी सा,
पर भूले हो कि गहराई में तूफ़ान छुपा है।
जब लहरें करवट लेंगी, संभलना मुश्किल होगा,
तब एहसास होगा, ये सन्नाटा यूँ ही बेबस नहीं था।

मैं समुद्र हूँ

मैं समुद्र हूँ, हर लहर में एक नया गीत है,
हर बूंद में बसी कोई अनकही प्रीत है।
कोई मुझे मोतियों की चाह में टटोलता,
कोई मछलियों संग जीवन को तोलता।

कोई मेरी लहरों से खेल कर लौट जाता,
सिर्फ़ अपने पाँव भिगो, किनारों पर रह जाता।
पर मैं वही हूँ, विशाल, अडिग, अजेय,
हर किसी के लिए, पर हर किसी का नहीं।

कोई मुझमें गहराई तक उतर जाता है,
मुझे जानने की चाह में खुद को खो जाता है।
कोई बस सतह से लौट जाता है,
मेरी गहराइयों का अंदाज़ा भी न पाता है।

मैं समुद्र हूँ, हर नज़र के लिए अलग कहानी हूँ,
जो जैसा देखे, वैसा ही मैं पानी हूँ।
पर सच तो ये है, जो मुझमें समा नहीं सकता,
वो मेरी गहराइयों को समझ भी नहीं सकता।

नई राहें

तुम्हें लगा वक्त गुजर गया

तुम खड़े रहे, मैं बढ़ गया,
और तुम्हें लगा कि मैं गुज़र गया।
पर मैं नहीं ठहरा, वक्त ठहर गया मेरे साथ,
तुम्हें समझ नहीं आया—
वक्त गुज़र रहा, बीत रहा, या चल रहा?

तुम कहते हो, मैं नहीं मानता
कि लम्हे बीत गए, वक्त गुजर गया।
पर जो गुज़रा, वो सिर्फ़ बीता वक्त था,
मेरा नहीं, तुम्हारा नहीं, सिर्फ़ वक्त था।

सबक वही सीखता है, जो ठहरता नहीं,
जो चलता है, गिरता है, संभलता है।
मैं रुका नहीं, क्योंकि वक्त मेरा इंतज़ार नहीं करता,
और मैं वक्त का मोहताज नहीं रहता।

तुम थमे रहे अपने वक्त के साथ,
मैं बहता रहा लम्हों की धार में।
तुम्हें लगा कि मैं आगे निकल गया,
मगर हकीकत सिर्फ़ इतनी है—
तुम वहीं रहे, और मैंने रास्ता बदल दिया।

तुम्हें कल का इंतज़ार है,
मुझे आने वाले कल से मिलना है।
तुम गुज़रे वक्त को थामे बैठे हो,
और मैं उसी वक्त से सीखकर आगे बढ़ चुका हूँ।

आने वाले लम्हें

मेरा वक्त गुजरा हुआ नहीं, आता हुआ है,
मैं बीता हुआ नहीं, आने वाला पल हूँ।
तुम कहते हो, ये बस एक मुग़ालता है,
पर देखना, मैं ही असल हकीकत हूँ।

जो गुज़र गया, वो सबक था मेरा,
जो आ रहा है, वो मुकद्दर बनेगा।
मैं ठहरा नहीं, जो बीते लम्हों में रहूँ,
मैं बहता दरिया हूँ, अपनी राह खुद चुनूँ।

तुमने समझा, ये बस एक धोखा है,
पर मेरा यक़ीन, मेरी ताकत, मेरा मौका है।
कल मेरा इंतजार कर रहा है खुले बाहों से,
देख लेना, मैं वक्त से आगे चलूँगा, इन्हीं राहों से।

मैं गुज़रा हुआ वक़्त नहीं

वो कहते हैं, वक्त गुज़र गया, पर
मैं कोई बीता हुआ लम्हा नहीं, जो लौटकर न आ सके।
मैं गुज़री हुई याद नहीं, जो बस कहानी बन जाए।
मैं ठहरा नहीं, जो बीत जाऊँ,
मैं वो धड़कन हूँ, जो हर पल में नया बन जाऊँ।

तुम इतिहास हो सकते हो, मैं नहीं,
तुम गुज़रा वक्त हो सकते हो, मैं नहीं।
जिस दिन गुज़रूंगा, बस गुज़र जाऊँगा,
फिर वक्त रहेगा ही नहीं, जिसे गुज़रना हो।

तुम पन्नों में दर्ज हो सकते हो,
मैं तो हवाओं में उड़ता एहसास हूँ।
तुम्हारी यादों में शायद बीता कल हूँ,
पर अपनी रूह में..मैं आज भी पल-पल हूँ।

थोड़ा मेरे मन से चल लोगे

थोड़ा मेरे मन से चल लोगे, तो कुछ घिस जाएगा क्या?
मेरी राहों में कुछ पल बिता लोगे, तो वक़्त रुक जाएगा क्या?

मैंने भी कदम-कदम पर ठोकरें खाई हैं,
हर मोड़ पर बेबसियों की धूप सहाई है।
ज़रा मेरी छाँव में ठहरकर देखो,
क्या तुम्हारी धड़कनों में कोई खलिश आएगी क्या?

मेरे लफ़्ज़ों को पढ़ तो लिया तुमने,
पर कभी मेरी चुप्पी का मतलब समझोगे क्या?
जो अनकहा है, उसे सुन सकोगे,
या बस कहोगे– "ये सब फिजूल है, छोड़ो ना!"

थोड़ा मेरे मन से चल लोगे, तो कुछ घिस जाएगा क्या?
या शायद..कुछ नया ही मिल जाएगा क्या?

मेरे लिखने पर ऐतराज़ क्यों

मेरे लिखने पर उन्हें ऐतराज़ क्यों है,
शब्द निकलें तो शिकायत की आवाज क्यों है।
मैं कलम उठाऊँ तो जैसे गुनाह करूँ,
हर लफ़्ज़ पर अब पहरे का आगाज़ क्यों है।

वो कहते हैं– "हम चल भी नहीं पाते,
और तुम दौड़ जाते हो!"
हम ठहरे, सोचे,तोले हर बात,
और तुम बस बहते जाते हो।

हम शब्द चुनते रह जाते हैं,
तुम पोथियाँ लिख जाते हो।
हम सोचते हैं कहाँ विराम दें,
तुम धाराओं से पन्ने भिगो जाते हो।

जैसी भी बनी, तुमने बना डाली कई
हमारी सोच उलझी, तुम्हारी बहती चली गई।

पर मैं पूछता हूं
क्या हर कविता को तुक में बाँधना जरूरी है?
या भावों की परछाई भी कुछ कहती है?

क्यों उन्हें मेरे लिखने पर ऐतराज़ है,
मेरी उड़ान से उन्हें शिकायत है।
मैं ठहरूँ तो सुकून नहीं, बढ़ूँ तो तकलीफ़,
क्या ये फैसला भी मेरे हाथ में नहीं?

मान लो तुम श्रेष्ठ हो

कभी भी उस व्यक्ति से घृणा न करो,
जो जलता है तुमसे, तुम्हारे स्वरूप से,
उसकी ईर्ष्या ही तो ये बताती है,
कि तुम खड़े हो ऊँचाई पर, वो धूप में छाँव ढूँढ़ते।

तुम्हारी उड़ान से ही डरते हैं लोग,
तभी तो परवाज़ पर पहरा लगाते हैं,
पर याद रखना, जो जलता है तुमसे,
वही तो मन ही मन तुम्हें सर झुकाते हैं।

उनके तानों में छुपी होती है स्वीकृति,
उनकी चुभती बातें हैं तुम्हारी उपलब्धि की गवाही,
क्योंकि जो तुमसे पीछे होता है,
वही तुम्हारी राह में काँटे बिछाने की तैयारी करता है।

तो मत घृणा करो उनसे, मुस्कुराओ,
उनकी ईर्ष्या का सम्मान करो,
क्योंकि जो तुमसे जल रहा है,
वही तो मान चुका है कि तुम श्रेष्ठ हो!

दुखती रग

मेरी दुखती रग पर उंगली रखी,
और फिर हाल पूछते हैं।
जिस ज़ख्म को खुद ही कुरेदा था,
अब मरहम की बात करते हैं।

जो अश्क थे, वो तुम्हारी ही देन,
अब आँसू पोंछने का ढोंग क्यों?
जो दर्द दिया, वो लौट कर आया,
अब तकलीफ़ जताने का शौक़ क्यों?

सवाल भी करते हो, जवाब भी जानते हो,
फिर ये हमदर्दी की रस्म क्यों?
जो लफ्ज़ तलवार से तीखे थे कभी,
अब उनका असर पूछने की कसम क्यों?

छोड़ो ये सवाल, छोड़ो ये बातें,
तुम्हारी यादों से दिल नही जलता
जो दिल पर बीती, वो दिल ही जाने,
तुम्हारी हमदर्दी से अब फर्क नहीं पड़ता।

कभी यूँ भी मिले ज़िंदगी

कभी यूँ भी आ ज़िंदगी में,
बेबहर हों भावनाएँ।
ना छंद हो, ना कोई लय,
ना सुर हो, ना ताल।
बेख़ौफ़, बेपरवाह बहें हर एहसास,
मुक्त हों हर हाल।

ना दिन का उजाला दिखे,
ना रात का कोई डर।
ना बंदिशें, ना सरहदें,
ना चाहतों का सफ़र।
बस चलना हो, बस बहना हो,
हर लम्हा एक नया शहर।

ना जमाने का डर, ना तेरी चिंता,
ना नाम की हसरत, ना पहचान की ज़ंजीर।
सिर्फ़ हम हों, और ये बहती हवा,
बेपरवाह, बेमक़सद, हर सोच से रिहा।

कभी यूँ भी आ ज़िंदगी में,
जहाँ हर बंधन टूट जाए।
बस बह जाए मन दरिया–सा,
जहाँ कोई किनारा न आए।

बे-बहर मिलेंगे

अब हम बे–बहर मिलेंगे,
ना कोई लय, ना कोई ताल होगी।
ना सुर, ना तरन्नुम, ना छंद,
बस लफ़्ज़ों की बेमिसाल बयार होगी।

बाँधकर रखे जो शब्दों को,
वो हर ज़ंजीर तोड़ देंगे।
छंदों की हदें मिटाकर,
स्वच्छंद धारा में मोड़ देंगे।

ना ग़ज़ल की रदीफ़ होगी,
ना गीत की कोमल धुन,
ना मुक्तक की मर्यादा,
ना दोहों का संतुलित गुन।

बस एक लफ्ज़, एक विचार,
एक उड़ान होगी बे–हिसाब,
कोई नियम, कोई बंदिश नहीं,
हर पंक्ति होगी खुद में नायाब।

अब से बे–बहर मिलेंगे,
बिना किसी सीमा के बहेंगे,
जो कहना है, बस कहेंगे,
किसी बहर में नहीं सिमटेंगे ।

उलझन ही बंधन है

उलझनों में ही बंधन है,
बंधन में ही सुख समाया है।
जो गिरहें कसकर बंधी हैं,
उन्हीं में अपनापन पाया है।

सुलझते ही धागे बिखर जाते हैं,
रिश्ते भी अक्सर सर्द हो जाते हैं।
जो उलझा रहा, वो जुड़ा रहा,
जो सुलझा, वो जुदा हुआ।

हर बंधन में एक रस है,
हर उलझन में कोई कसक है।
जो सुलझा, वो शायद खो गया,
जो उलझा, वो दिल के पास रह गया।

तो मत ढूँढो हर गाँठ का हल,
कुछ सवाल बेजुबाँ ही अच्छे लगते हैं।
हर सुलझन में राहत नहीं होती,
कुछ उलझनें भी रिश्ते बुनते हैं।

अब तुम्हारे हाथ

थक गया हूँ अब तुम्हें समझाते-समझाते,
हर लफ़्ज़ बेमानी लगा बार-बार दोहराते।
रिश्ते की डोर उलझी जरूर है, मगर मजबूत भी,
चाहो तो सुलझा लो, चाहो तो कसकर थाम लो।

मैंने हर मोड़ पर तुम्हें पुकारा,
तुमने हर दफा मुझे ही दोषी करारा।
अब सवाल नहीं, कोई जवाब नहीं,
बस खामोशी है, कोई हिसाब नहीं।

तुम्हारी शंका, मेरा यकीन,
एक ही धागे के दो सिरों की तरह बिन।
अगर चाहो तो गिरह खोल दो,
वरना इस मौन को अंतिम बोल दो।

अब तुम्हारे हाथ ये रेशमी बंधन,
बचाना चाहो तो बचा लो,
वरना जाने दो इसे,
हवा में बहा दो

उड़ान का हौसला

जो गिरने से डरते हैं,
वे उड़ने का हक खो देते हैं।
जो आकाश को छूना चाहें,
हवाओं से नहीं रोते हैं।

जीवन की कठिनाइयाँ,
मजबूती का संबल बनती हैं।
हर मुश्किल राह के नीचे,
संभावनाएँ अंकुर बनती हैं।

असफलता से घबराना क्यों?
यह तो पहली सीढ़ी है।
सीखो, समझो, फिर बढ़ो,
यही जीत की लकीरें हैं।

जो गिरकर उठना जानते,
सफलता वही गले लगाती।
हौसले की ऊँची उड़ान में,
हर मुश्किल भी राह दिखाती।

मेरी दुनिया, तेरी दुनिया

दुनिया तो एक ही है, पर सबकी अलग–अलग,
किसी के लिए संग्राम है, किसी के लिए मधुर राग।

कोई देखे ख्वाब यहाँ, तो कोई सच से हार गया,
किसी ने पाया प्रेम अपार, कोई तन्हा रह गया।

किसी को बारिश भाए, तो कोई छाँव को तरसे,
कोई धूप में चमके, कोई अँधेरों से बरसे।

हँसी किसी की गूँजती है, तो किसी की चुप्पी बोले,
एक ही दुनिया में हर कोई, अपनी राहें खोले।

जो जैसा देखे, वैसी उसकी दुनिया बन जाए,
मन का आईना बदलो, तो नई दुनिया नजर आए।

रिश्ते और ख़ामोशी

कुछ रिश्ते हैं, इसलिये चुप हैं,
लबों पर हँसी, मगर दिल में धड़कन गुम है।
कभी शब्द कहने से डरते हैं,
कभी ख़ामोशियाँ भी सब कुछ कह देती हैं।

कुछ चुप हैं, इसलिये रिश्ते हैं,
अगर बोलते, तो शायद टूट जाते कहीं।
दिल की गहराइयों में दबी बातें,
कभी आँखों से झलक जाती हैं,
कभी वक्त की परछाइयों में सिमट जाती हैं।

रिश्ते कभी लफ़्ज़ों के मोहताज नहीं होते,
कभी चुप्पी ही सबसे गहरी बात कह जाती है।
कुछ दर्द हैं, जो शब्दों से परे हैं,
कुछ मोहब्बतें हैं, जो बस एहसास में बहती हैं।

तो कभी जब कोई चुप हो, समझ लेना,
शायद वो रिश्ता बचाने के लिए चुप है
या फिर चुप्पी ही वो रिश्ता बनाए हुए है

सुख मेरा काँच सा था

सुख मेरा काँच सा था,
न जाने कितनों को चुभ गया।
मैंने तो चाहा था बाँट दूँ रोशनी,
पर कोई इसे जख़्म समझ गया।

खुशियों की किरणें समेटी थीं मैंने,
हर चेहरे पे हँसी लिखी थी मैंने,
पर नजरों में उनकी चुभने लगा,
जो खुद ही अंधेरों में खो गया।

मैं फूल सा खिला था कभी,
अब काँटों में गिना जाने लगा।
जो पास थे, वो दूर हो गए,
जो दूर थे, हंसकर चले गए।

शिकायत नहीं मुझे ज़माने से,
मैं अब भी आईना बना हूँ।
टूट भी जाऊँ अगर कभी,
हर टुकड़े में उजाला बना हूँ।

वक्त, ऐतबार और इज्जत

वक्त, ऐतबार और इज्जत,
ऐसे परिंदे हैं
जो एक बार उड़ जाएँ,
तो वापस नहीं आते।

वक्त को पहचानो, ये अनमोल है,
हर पल इसमें सफलता का गोल है।
जो इसे बरबाद करेगा,
वो ही सबसे ज्यादा पछताएगा।

ऐतबार एक शीशे की तरह होता है,
जो टूट जाए तो जुड़ता नहीं।
सच्चाई की नींव पर रखो इसे,
फिर ये हर आँधी से बिखरता नहीं।

इज्जत कमाने में सालों लगते हैं,
खोने में बस एक लम्हा लगता है।
दुनिया भी उसी को सलाम करती है,
जो अपने कर्मों से रोशन रहता है।

इन परिंदों को उड़ने मत दो,
संभाल सको तो अभी संभाल लो।
जो वक्त के साथ चलता है,
सफलता उसी के कदम चूमती है।